GUÍA DE LECTURA

Escrita por Lina Duarte Tovar

El mar

de John Banville

ResumenExpress.com

Entiende fácilmente la literatura con

ResumenExpress.com

www.resumenexpress.com

JOHN BANVILLE — 1

El heredero de Nabokov

EL MAR — 4

Navegar en la marea del recuerdo

RESUMEN — 5

De vuelta a los Cedros
Un amor de verano
El día de la extraña marea

ESTUDIO DE LOS PERSONAJES — 11

CONSIDERACIONES FORMALES — 16

Forma
Estilo

TEMÁTICAS Y CLAVES DE LECTURA — 19

El amor
El duelo
La memoria

PISTAS PARA LA REFLEXIÓN — 25

Algunas preguntas para profundizar en su reflexión...

PARA IR MÁS ALLÁ — 27

JOHN BANVILLE

EL HEREDERO DE NABOKOV

- **Nacido en 1945 en Wexford (Irlanda)**
- **Premios literarios:**
  - Premio Booker por *El mar* (2005)
  - Premio Príncipe de Asturias (2014)
- **Funciones destacadas:**
  - Miembro de la Royal Society of Literature (2007)
- **Algunas de sus obras:**
  - *El libro de las pruebas* (1989), novela
  - *Los infinitos* (2009), novela
  - *Antigua Luz* (2012), novela
  - *La guitarra azul* (2015), novela

John Banville nació el 8 de diciembre de 1945 en la ciudad costera de Wexford, Irlanda. Cursó sus estudios secundarios en el St. Peter's College de su ciudad natal y quería entrar a la universidad para estudiar Arte y Arquitectura; sin embargo, decidió no asistir para alejarse de su familia y vivir una vida llena de aventuras, romance y alcohol. Por esta razón aceptó trabajar para la aerolínea irlandesa Aer Lingus, la cual le permitió viajar a países como Grecia e Italia y vivir en países como Estados Unidos durante los años 1968 y 1969. Cuando regresó a Irlanda, Banville comenzó a trabajar como periodista en *The Irish Press*; posteriormente, tomó el cargo de editor del suplemento literario del *Irish Times*. Desde 1990, Banville trabaja escribiendo para *The New York Review of Books* y actualmente está trabajando en la creación de una serie de la BBC sobre los libros de su heterónimo, del que hablaremos más adelante.

La carrera literaria de Banville se inició en 1970, cuando publicó su primer libro de cuentos *Long Lankin*. Sin embargo, este no obtuvo la atención ni del público ni de la crítica. Posteriormente, escribió su primera trilogía, la *Trilogía de las revoluciones*, centrada en la vida de los grandes científicos de la humanidad: *Dr. Copernicus* (1976), *Kepler* (1981) y *The Newton Letter* (1982). Esta lo lanzaría a la fama. Su segunda trilogía, *Frames*, se compone de *El libro de las pruebas* (1989), *Ghosts* (1993) y *Athena* (1995). Estas dos últimas obras aún no han sido traducidas al español. La tercera trilogía, compuesta por *Eclipse* (2000), *Imposturas* (2003) y *Antigua Luz* (2012), gira en torno a los personajes de Alexander y Cass Cleave.

Banville también escribe bajo el seudónimo de Benjamin Black. Este escritor tiene una personalidad diferente a la de Banville y, por eso, se podría decir que es su heterónimo. Mientras que Banville se considera a sí mismo un artista, Black es un artesano y se especializa en escribir novela negra:

> «El arte es una cosa extraña. Bajo el sombrero de Banville puedo escribir 200 palabras al día. Un día decidí que podía convertirme en otro y bajo ese segundo sombrero, en esa segunda piel, puedo irme a comer tras haber escrito un millar de palabras, tal vez 2.000, y disfrutar con ello. Es increíble descubrir cómo otro tipo puede vivir tu vida y usar tus manos y deleitarse con eso. Escribir es un trabajo peculiar... Escribir es como respirar. Lo hago por necesidad. Por mi propia boca, y ahora también por la de Black» (Pérez 2011).

Los títulos de Black son igualmente conocidos que los de Banville y el personaje que es transversal a todos ellos es el del detective irlandés Quirke, que vive en Dublín. Entre las novelas más conocidas de Black están *El secreto de Christine* (2006), *En busca de April* (2010), *Muerte en verano* (2011), *Venganza* (2012), *Órdenes Sagradas* (2013) y *La rubia de ojos negros* (2014).

¿SABÍA QUE...?

Para Banville, el artista es una especie de caníbal que se alimenta de la realidad; que usa y moldea el material que toma de ella. De alguna manera, esta tarea es la misma que realiza un actor. Así, la frontera entre realidad y ficción se difumina constantemente. Sin embargo, para Banville, si bien esto es un riesgo, se trata también de una aventura, que el artista debe asumir y disfrutar.

EL MAR

NAVEGAR EN LA MAREA DEL RECUERDO

- **Género:** novela
- **Edición de referencia:** Banville, John. 2005. *El mar. Traducido por Damián Alou. Barcelona: Anagrama*
- **Primera edición:** 2005
- **Temáticas:** amor, duelo, memoria

El mar es la novela número catorce de John Banville y la ganadora del Premio Booker del año 2005. Se trata de la historia de Max Morden, un historiador del arte que, tras perder a su esposa a causa de una larga y penosa enfermedad, decide volver al pueblo costero en el que veraneaba con sus padres cuando era niño, para huir del dolor que le causa este reciente episodio. Recordar el pasado se convierte para Max en un refugio y en una oportunidad para meditar acerca de la muerte, el dolor, el amor y el poder redentor de la memoria.

RESUMEN

DE VUELTA A LOS CEDROS

Max Morden acaba de perder a su esposa, Anna. El dolor es intenso, su casa se ha vuelto un lugar incómodo; la cruel complacencia de los objetos cotidianos y la natural indiferencia del mundo frente a su pérdida son intolerables. No sabe cómo comportarse ni qué decir frente a lo que ha pasado. Un sueño lo impulsa a volver al pueblo donde veraneaba con sus padres cuando era un niño. En él, Max camina solo y con aire decidido por una carretera rural. Al parecer vuelve a casa, aunque no sabe dónde queda esta casa ni qué aspecto tiene exactamente. Le queda un largo trecho, pero se siente tranquilo. Se trata de un viaje de extraordinaria importancia. Un viaje que debe emprender y completar. Sin embargo, en el sueño, este viaje no acaba nunca, Max no llega a ninguna parte y no pasa nada. Al despertar sabe que debe ir a los Cedros y alquila una habitación con la excusa de retirarse a terminar su monografía sobre el pintor francés Pierre Bonnard, un proyecto estancado en el que ha estado trabajando desde hace bastante tiempo. Allí, vive con la señorita Vavasour y con el otro inquilino, un coronel retirado.

Volver a los Cedros es una oportunidad para recordar el pasado y ese verano en el que Max tenía once años y conoció a los Grace. La familia estaba conformada por Carlo, Constance (Connie) y sus hijos gemelos Chloe y Myles. También los acompañaba Rose, la niñera de los niños. Si bien mucho tiempo ha pasado y no queda nada de la presencia de los Grace en la casa, Max nos empieza a hablar sobre ellos y sobre cómo se diferenciaban de las otras familias que veraneaban allí, porque tenían su propia casa de verano y no un chalet como el resto. Los Grace bebían ginebra, tenían todos los implementos para pasar un día en la playa y, además, tenían un coche y, en el asiento trasero, para que todos las vieran, había guías turísticas sobre Francia.

UN AMOR DE VERANO

Max ve por primera vez a los Grace en la playa y se enamora perdidamente de la madre, Connie. Si bien ella está casada y es mucho mayor que él, para Max la mujer es una especie de diosa griega y para poder conocerla mejor, decide que debe hacerse amigo de sus hijos y así poder verla más de cerca. Pronto su plan funciona y los tres niños comienzan a pasar mucho tiempo juntos: van a la playa y al cine. Se pasan el tiempo nadando en el mar a todas horas. También jugando bajo el sol y la lluvia. Además, Max se convierte en uno más de la familia y participa en todas sus actividades, por ejemplo, en los pícnics.

El relato del tiempo que pasa con los Grace se intercala con el relato de algunos episodios del último año en la vida de Anna y de cómo lidiaron juntos con la enfermedad. Por ejemplo, Max habla del día que recibieron la noticia y de cómo a partir de ese momento la casa se llenó de un no saber qué decir, dónde mirar, cómo comportarse, y de una honda sensación de irritación y resentimiento.

Max retoma el relato sobre los Grace y recuerda cómo pronto sus sentimientos hacia Chloe comenzaron a cambiar. En este momento, el protagonista también recuerda cuándo conoció a su esposa Anna en una fiesta, un caluroso verano en Londres, y cómo ese mismo verano se comprometieron y casaron. Max no recuerda en qué momento le empezó a gustar Chloe, pero recuerda bien el primer beso que se dieron. Todo sucedió en una lluviosa tarde de sábado, en el cine improvisado de chapa de zinc, en un momento de oscuridad, cuando el proyeccionista cambió de rollo. Max había tomado la mano de Chloe desde hacía un rato y cuando la pantalla quedó negra, ambos se volvieron y juntaron sus caras hasta que sus labios se tocaron.

No había vuelta atrás, Max se estaba enamorando de Chloe. Sin embargo, su novia era un poco extraña. No le prestaba atención, apenas se fijaba en su presencia e incluso cuando lo hacía, siempre había un halo de ensimismamiento y ausencia en ella. Esta deliberada distracción molestaba mucho a Max, quien la agarraba de los brazos y la zarandeaba, pero ella se dejaba y fingía estar muerta, aunque sonreía. A Chloe tampoco parecía importarle mucho lo que pensaran los adultos de su «relación» con Max. Cierto día, en la playa, mientras estaban recogiendo conchas para que ella pudiera hacerse un collar, Chloe arrastró a Max hacia ella y lo besó con tanta fuerza que lo hizo sangrar por el golpe que le dio en los dientes. Luego, lo apartó de ella con altivo desdén y siguió como si nada.

Como ya dijimos, los tres chicos pasaban mucho tiempo juntos, pero se notaba que Chloe era quien estaba a cargo del grupo. De hecho, cierto día, cuando Max intenta abrazarla, ella le pega una fuerte cachetada y, otro día, convence a Myles y a Max de molestar a un chico sin ninguna razón aparente. Este era más alto que los gemelos pero no más alto que Max, así que él, para impresionar a su novia, lo empuja contra una pared y cuando el chico responde a la pregunta de por qué está en el pueblo diciendo que vino a pasar el día con su madre, Myles le pega un sopapo en la cabeza. El joven mira a Max con desconcierto y resignación y con esa mirada le recuerda al protagonista que él también podría ser, de cierta manera, una víctima (en este caso, de Chloe). Este episodio le recuerda a Max la época en la que, enferma, Anna retomó la fotografía para retratar la vida en el hospital, y cómo él odiaba que su esposa lo retratara porque se sentía, de alguna forma, descubierto.

EL DÍA DE LA EXTRAÑA MAREA

La extraña relación de Max y Chloe continúa con sus habituales desplantes. Pero, cierto día, Chloe deja plantado a Max. Después de verla alejarse en el coche de su padre, él decide quedarse en el jardín de la casa de los Cedros para escalar uno de los árboles. Al llegar a la punta del árbol, Max escucha a Rose llorando y también ve a la señora Grace acercarse hacia donde está ella. Max escucha la conversación y descubre que Rose le confesó a Connie que está enamorada del señor Grace. Sin embargo, Connie no se molesta; por el contrario, es comprensiva con Rose y la consuela, aunque también intenta no reírse.

Por supuesto, Max le cuenta a Chloe lo que escuchó; sin embargo, la reacción de la niña es completamente desconcertante. Se molesta con Max por habérselo contado y después hace como si nunca le hubieran contado nada. Sin

embargo, Myles no desperdicia la oportunidad para molestar a la niñera, y escribe en una de las verjas «RV ama a CG»
para que Rose se dé cuenta que han descubierto su secreto.

Los días en la playa continúan. Sin embargo, la actitud de
la institutriz ha cambiado. Ya no le teme a los niños y Chloe
parece amedrentada ante el nuevo poder de Rose. Cierto
día, la marea se adentra en la playa hasta el pie de las dunas,
como si el mar desbordara sus límites. Los niños deciden
meterse en una cabaña en desuso del encargado del campo
de golf porque nadar parece peligroso y la marea siniestra
no para de avanzar. Rose está afuera y Chloe les dice a los
chicos que espera que se la lleve la marea y se ahogue.

Mientras tanto, Chloe permite que Max ponga la mano de-
bajo de sus nalgas y luego toque su entrepierna brevemente.
Posteriormente, acerca su boca para que Max la bese y des-
hace el nudo de su bañador para que este caiga a la altura de
su cintura. Al estarse besando, los chicos no se dan cuenta
de que Rose los ha descubierto. Cuando se enteran, Chloe
decide salir corriendo y Rose va detrás de ella. En la playa,
la niña se sienta con las rodillas apretadas contra el pecho y
los brazos en torno a las rodillas, con la cara levantada hacia
el horizonte. Myles la alcanza y se sienta junto a ella, pone
un brazo alrededor de sus hombros y luego apoya la cabeza
contra la de ella.

Rose los observa indecisa. Pronto, los hermanos se ponen
de pie, se adentran en el mar y se van nadando lentamente
hasta convertirse en dos pálidos puntitos. Ambos mueren
ahogados. La sensación de adentrarse en el mar le recuerda
a Max el momento en que le avisaron que su esposa había

muerto. Esa sensación de dejarse llevar por un paulatino empujón, por algo que parece haber removido una parte de las profundidades y, al mismo tiempo, por algo que lo devuelve a la orilla, para de nuevo adentrarse al mar.

La novela termina con Max abandonando los Cedros después de un accidente durante una borrachera. Su hija y su prometido vuelven para llevarlo a casa. El viaje al pasado ha terminado.

¿SABÍA QUE...?

Banville escribió el guion de la adaptación cinematográfica de *El mar*, que se estrenó en 2013 en el Reino Unido.

ESTUDIO DE LOS PERSONAJES

MAX MORDEN

Es el protagonista de la novela, un historiador del arte que nos cuenta su pasado y presente como en una especie de diario. En el momento en que transcurre la novela, Max acaba de enviudar y necesita un lugar para tomar dosis pequeñas del mundo y así volver a aprender de nuevo a estar entre los vivos. El espacio que escoge es el pueblo de Ballyless, donde está la casa de los Cedros, el lugar donde transcurrió una parte importante de su infancia. Este espacio le permite a Max tomarse el tiempo para desentrañar su pasado y reflexionar sobre su relación con su esposa y los momentos que juntos enfrentaron en la batalla contra el cáncer. Los días de Max transcurren solitarios en los Cedros, entre el pasado, el insomnio y el alcohol. Al final de la novela Max debe abandonar esa soledad que, aunque le da paz, también le está haciendo mucho daño, y termina regresando a casa junto a su hija.

CHLOE GRACE

Es el primer amor de Max, su primera novia. Como él en el momento en que pasa sus veranos en los Cedros, Chloe también tiene entre diez y once años. Su cabello es rubio casi blanco y lo lleva al estilo paje, con un flequillo que le cuelga sobre la frente. Sus dientes tienen un leve tinte verde, su aliento huele a manzana y, en general, ella huele como entre a cachorro y a rancio. Max dice que huele a caja metálica de galletas vacía. Chloe es una niña extraña, un poco salvaje y con tendencia a la violencia. Se pasa el tiempo con su hermano Myles jugando a juegos que solo ellos dos entienden y luego nadando en el mar, hasta que se vuelven amigos de Max. Chloe también es sexualmente avanzada para su edad y parece que vive en otro mundo; no le presta atención a nada a su alrededor, ni siquiera a Max, que es su primer novio.

MYLES GRACE

Es el hermano gemelo de Chloe Grace y tiene una especial conexión con ella. Myles es mudo de nacimiento, o mejor dicho, nunca ha hablado, pero los médicos nunca encontraron una explicación científica a su obstinado silencio. Sus padres no lo quieren mucho, pues le temen un poco. Evitan quedarse a solas con él y se comunican por medio de una improvisada y brusca pantomima que no se sabe si es una manera de hablar con él o de pedirle que se aleje de ellos. Max se refiere a Myles como un *poltergeist*, es decir, como un fantasma ruidoso. Myles emite todo tipo de chillidos y ruidos raros y corre y salta por todas partes como un pequeño animalito. Siempre está jugueteando con las cosas, las coge y las devuelve a su sitio de cualquier manera. Además, siempre está al lado de Chloe, quien parece que es la única que realmente se entiende con él.

ANNA MORDEN

Es la esposa de Max. Aunque realmente no forma parte del tiempo en el que transcurre la novela, las acciones narradas en *El mar* se construyen en torno a ella. Debido a su pérdida,

Max busca refugio a su dolor en los Cedros. Anna conoce a Max un verano en Londres en una fiesta. El narrador nos la describe como una mujer que no estaba hecha a escala de ninguna otra mujer. Tenía los hombros grandes, los brazos grandes, los pies grandes y una cabeza grande, cubierta de pelo oscuro tupido.

Cuando le diagnostican un cáncer, su relación con Max se vuelve incómoda. No saben cómo comportarse el uno con el otro, y una especie de muralla se construye entre ellos. Anna retoma su vieja pasión por la fotografía y comienza a tomar largos baños en la tarde y en la noche, en un intento por estar sola. Max la espera al otro lado impaciente. De alguna manera, él no entiende por lo que ella está pasando porque no está enfermo.

ROSE VAVASOUR

Es la casera de los Cedros e institutriz de los niños Grace, pero solo sabemos que es la misma persona al final de la novela. Max nos la describe como una mujer de unos diecinueve o veinte años en el momento de esas vacaciones de verano. Es alta, extraordinariamente delgada, estrecha de cintura y larga de caderas. Su pelo es negro y su nariz tiene forma de lágrima y está desviada a la izquierda, lo que le da a su cara una expresión conmovedora, pero que refuerza su imagen de institutriz.

Al principio su presencia no es muy importante en la novela, pero cuando se descubre que está enamorada de Carlo Grace su papel toma relevancia. Rose se enfrenta a Chloe y, por regañarla, los gemelos entran al mar para acabar con sus vidas. Rose queda relegada al cuidado de los Cedros cuando los Grace abandonan la casa de campo. Por esta razón, cuando Max vuelve se reencuentra con ella. Nada ha cambiado en la vida de Rose: vive soltera y al cuidado de los habitantes de la casa. Nunca se la culpa por la muerte de los niños Grace.

CONNIE Y CARLO GRACE

Son los padres de Chloe y de Myles. Carlo se caracteriza por ser un hombre muy peludo y con una expresión traviesa. Siempre está bromeando con sus hijos, pero a veces es un poco brusco con ellos. Connie es un mujer hermosa, rubia, blanca y rolliza que huele a sudor y a crema fría, y también un poco a grasa de cocinar. No obstante, y a pesar de su vulgaridad, es el objeto de deseo de Max al inicio de la novela. De hecho, Max se hace amigo de los niños Grace solo para conocerla. A Connie le gusta jugar con sus hijos y es también comprensiva. Cuando descubre que Rose está enamorada de su esposo, intenta consolarla y parece incluso que encuentra que la situación es risible. Cuando los niños mueren, no toma represalias contra Rose.

CLAIRE MORDEN

Es la hija de Max y de Anna. Tiene veintitantos años, es muy inteligente y tiene un aire intelectual, pero no es muy guapa. Es alta y recia, su pelo es de color ladrillo, áspero e indomable, y las pecas surcan su cara. Además, tiene las piernas largas y ahuesadas, unas nalgas grandes y la expresión de triste humor que, como dice Max, tienen las chicas poco agraciadas. Max ama a su hija, pero no le perdona que se retirase de su carrera por seguir los pasos de un hombre que finalmente la dejó. Claire intenta estar cerca de su padre durante el duelo, pero Max se niega a recibir su compañía. Sin embargo, al final de la novela Claire se lleva a su padre de los Cedros y está comprometida con el chico que la dejó.

EL CORONEL

Es otro de los inquilinos de la casa. Aunque no se sabe realmente si fue militar o no, tiene horarios estrictos para sus actividades, se levanta, desayuna, sale a caminar, luego lee el periódico. Sin embargo, las tardes son vacías y busca la compañía de Max. Tiene dos nietas y una hija; ellas prometen ir a visitarlo, pero, mientras transcurre la historia, nunca lo visitan.

El coronel es quien encuentra a Max cuando sucede el accidente por causa de su borrachera.

CONSIDERACIONES FORMALES

FORMA

Esta novela está dividida en dos partes pero, a su vez, en ella conviven tres espacios temporales: el pasado de la infancia, el pasado reciente y el presente. Estos se intercalan y entrelazan durante las reflexiones de Max en un intento por entender su nueva situación tras la muerte de Anna y dan cuenta del papel que cumple la memoria en la novela.

Se podría decir que la novela se divide en dos partes porque da cuenta del cambio de ser amado que tiene Max. Si bien Anna está presente en toda la novela, aunque sea desde el recuerdo, Max trata de aplacar un poco su presencia recordando el verano en el que conoció a los Grace, especialmente a Connie y a Chloe. La primera parte de la novela narra la llegada de Max a los Cedros y es la oportunidad para narrar también cómo conoció a los Grace cuando era un chico de once años. La misma situación se está repitiendo cincuenta años después, pero ahora los Grace son también un recuerdo. En esa primera parte, el recuerdo de Anna contrasta con el de Connie Grace, la madre. Desde el momento en que la ve en la playa, Max se enamora de ella y de hecho se vuelve amigo de sus hijos solo con el objetivo de conocerla mejor y poder admirarla con mayor detalle. Sin embargo, al ser un amor platónico, la fantasía no dura mucho, pues pronto Max se da cuenta de la humanidad de la mujer y su ideal se desdibuja por completo.

En la segunda parte, la novela toma más fuerza. Es una

narración más intensa. Tal vez esto tiene que ver con que el objeto amado cambia y Max se enamora de Chloe y le da su primer beso. Quizás porque se trata de una situación real, de una experiencia fundamental en la vida del niño, los recuerdos que se cuelan de Anna a su vez son más infantiles, dan cuenta de una Anna más rebelde, que retoma sus antiguos *hobbies*, a la vez que evidencian una distancia más grande entre ella y Max, que siente que comienza a desconocerla y que, por no estar enfermo, no puede conectarse completamente con ella. Sin embargo, esta parte de la narración es una oportunidad para reflexionar sobre el amor, sobre la identidad y finalmente sobre el hecho de dejar partir a la persona amada cuando la muerte casi llega a llevarse al protagonista. Es la oportunidad de sumergirse, como Chloe, en las aguas de la muerte para comenzar a entender esa otra vida: la vida como un hombre viudo. No obstante, se trata de un viaje hacia el futuro, una vez el protagonista se ha reconciliado con el pasado.

ESTILO

El mar es una novela que da cuenta del rico estilo literario en el que Banville ha trabajado por más de cuatro décadas. En esta obra las palabras ponen en evidencia la forma en la que divaga la mente de Max Morden, cómo intenta huir de sí mismo para reencontrarse siempre a través de los años. La novela, que sirve como una suerte de diario, es un espacio en el que el protagonista puede abrirse y llegar a un nivel de confidencia que no lograría de otra manera pues, además de un cambio de aire, necesita estar consigo mismo antes de poder integrarse al mundo de los demás. Se trata de un conjunto de reflexiones narradas en un estilo plástico y muy cargado de imágenes y de olores que dan cuenta de la fina línea entre la vida y la muerte.

TEMÁTICAS Y CLAVES DE LECTURA

EL AMOR

El mar gira en torno a dos tipos de amor: el primer amor, representado por Chloe y el, por llamarlo así, «verdadero amor». Con este último no nos referimos a un cuento de hadas, sino todo lo contrario: nos referimos al amor que se somete a las pruebas cotidianas de la vida. Este es representado por Anna.

El primer amor es explosivo y está lleno de nuevas sensaciones. En el caso de Max, conocer a Chloe, besarla y tener que lidiar con ella trajo consigo el origen de la conciencia sobre sí mismo. Chloe se le manifestó a Max, por primera vez, como una entidad objetiva, es decir, que si Chloe era real, Max también lo era y por tanto él existía en el mundo. Sin embargo, esta situación de lidiar con otro trae a su vez una alta dosis de desconocimiento. Max nunca supo cuál era su situación con ella ni qué clase de trato debía esperar que ella le prodigara y eso era, en gran parte, lo que a Max más le atraía de ella, esa suerte de naturaleza quijotesca del amor. En el primer amor es importante guardar ese halo de perfección para que la magia perdure. Así, por ejemplo, Max habla de la responsabilidad que sentía de protegerla, de conservarla lo más perfecta posible, espiritualmente y en sus actos. Max sentía que debía salvarla de sí misma y de sus defectos, pero también evitar que ella supiera que los tenía, porque si ella sabía que los tenía y reflejaba una pizca de inseguridad o de imperfección, su interés por ella también quedaría manchado. De manera que no debía existir en este primer amor ningún tipo de confrontación ni de revelación de terribles verdades.

El «verdadero amor», por el contrario, es aquel que conoce lo que es el aburrimiento, el odio, la infidelidad. Es aquel que perdura a pesar de que el halo de perfección se haya roto. Max y Anna se conocen en un verano y todo es perfecto, ambos son jóvenes y están descubriendo juntos el mundo. Sin embargo, cuando Anna es diagnosticada con cáncer el mundo da un giro de 360° y a la pareja se le imponen nuevos retos:

> «Al llegar a casa, nos quedamos un buen rato sentados fuera, en el coche, resistiéndonos a aventurarnos en lo conocido, sin decir nada, de repente desconocidos para nosotros mismos y para el otro» (Banville 2005, 23).

El concepto de normalidad cambia para la pareja, el ambiente se llena de una sensación de incomodidad general, ha nacido una nueva versión de la realidad. Ya no saben qué decirse y se construye una especie de muro entre ellos y alrededor de ellos. Al no estar enfermo, Max no sabe lo que es tener una enfermedad terminal y, por tanto, se siente celoso de no poder sentir la complicidad que Anna siente con los demás enfermos. Tampoco puede participar de los largos baños de Anna. A su vez, la distancia continúa para Max, incluso cuando Anna ya ha muerto:

> «En aquellos días la enfermedad era un lugar especial, un lugar aparte, en el que nadie más podía entrar... Es un lugar como el lugar en el que me parece que estoy ahora, a una distancia de millas de cualquier parte, de los demás» (Banville

2005, 65).

La enfermedad también es un espacio para conocerse como nunca antes. En la noche Max sentía el miedo de Anna, estuvo presente para ver cómo su lustroso pelo se fue cayendo y comenzó a evitar hablar en presente, para solo referirse al pasado remoto en el que ambos se sentían cómodos. Pero también es un momento para la honestidad. Así, por ejemplo, Anna siente pesar por Max porque la enfermedad ha hecho que él deje de ser él mismo para ser siempre amable y evitar cualquier confrontación con ella, por lo cual la relación se ha tornado algo artificial. De hecho, en un momento, ella le dice que siente que ya no se le permita odiarla, como lo hacía antes. Y le pide que no se preocupe, que ella también lo odió muchas veces y le dice que, a pesar del amor, siempre fueron seres humanos.

Justamente allí radica la diferencia entre el primer amor y el verdadero amor. El segundo está lleno de tensiones y de momentos difíciles, pero se trata de una feliz imperfección. Por esta razón, después de pasar de ser un «nosotros» a un «individuo», Max no puede evitar sino pensar que quedó faltando algo más, aunque no sepa muy bien qué es. Por eso la muerte es tan dura, a pesar de la satisfacción de haber sido felices.

EL DUELO

La muerte es otro de los temas presentes en esta novela. La ausencia de Anna hace que Max deba abandonar todo lo que alguna vez consideró su vida porque el dolor de la pérdida es insoportable y lo inunda una sensación de anonadamiento y de extrañeza frente al mundo que lo rodea, incluso frente a su hija. *El mar* es una novela sobre el duelo, sobre el proceso que está viviendo Max y sobre cómo intenta sortear esta situación. Desde el inicio, Max nos confiesa que, si bien la vida es una lucha y un proceso de embestir la cabeza contra la realidad, él considera que la mayor parte de sus fuerzas las empleó para buscar un lugar que lo cobijara, donde pudiera esconderse de la indiferencia del mundo, olvidar el presente y posponer el futuro. El viaje a los Cedros cumple este preciso papel. El pasado remoto, la infancia, se ofrece como un espacio seguro, para evitar recordar que el mundo propio está destruido, a pesar de que la vida siga con su curso normal. En los Cedros el tiempo se ha detenido.

El duelo para Max consiste en abrazar el futuro, pero su vida que es el presente está completamente olvidada. Su reflejo en el espejo da cuenta de ello. Está encorvado, con una leve expresión de sorpresa y de vago temor, se ha dejado crecer una barba ferruginosa, áspera como el papel de lija, parece un ahorcado, o un convicto de tira cómica. En un momento incluso se compara con el retrato de Van Gogh pintado en París en 1887. En este, el pintor tiene la cabeza descubierta, lleva cuello duro, corbata azul provenzal y sus orejas están completas. Sin embargo, su expresión es triste, como su hubiera recibido algún golpe punitivo, y tiene a su vez una expresión de iracunda premonición. Todas estas son señales de que Max se siente como un muerto en vida, y su relato de la relación con Chloe y su posterior muerte no le ayudan a sentirse mejor. Está cada vez más inquieto, duerme menos, no puede trabajar ni dejar de pensar en el pasado.

Sin embargo, a pesar de que Max intente evitar el presente y que quiera deshacerse de todo lo que alguna vez constituyó su mundo con Anna, debe reincorporarse a la vida y seguir viviendo. El episodio de la borrachera de Max cumple esa función. Si bien Max ha usado el pasado y el alcohol como herramientas para adormilar su pena, cuando en la playa se golpea en la cabeza, queda inconsciente, y se salva de morir porque la marea está baja; entonces, recuerda la fragilidad de su propia existencia y la cercanía de la muerte. Debe volver entonces con su hija, Claire, para continuar con su vida, aunque sea a regañadientes.

LA MEMORIA

Como mencionamos anteriormente, el duelo es un momento de desencaje vital. El mundo que conocíamos se ha destruido y, por el momento, mientras pasa el golpe del evento recién sucedido, quedan muy pocas fuerzas para seguir adelante. Así pues, es común recurrir al pasado como una forma de evadir el presente y hasta el futuro, que si bien siempre es incierto, con la llegada de la muerte —y más aún de la muerte del compañero de vida— se convierte en un asunto imposible. Es impensable seguir viviendo y es común dudar de quién es uno y qué ha sido su vida hasta el momento. En este proceso la memoria cumple un papel importante y funciona de dos maneras: la primera, para recordar lo sucedido y, la segunda, para preguntarnos cómo recordaremos a los seres que se han ido cuando el recuerdo ya no esté tan fresco. Es decir, cuando hayamos abrazado por completo la imposibilidad del retorno de esa persona, la certeza de su ausencia.

En la novela los recuerdos de la infancia se mezclan con los del pasado reciente, con el de la enfermedad. Ambos se intercalan y unos puede servir de explicación de los otros en un intento del protagonista de entender lo que acaba de suceder. Sirven para buscar en el pasado alguna clave que permita entender el presente; y tal vez esta sea una de las funciones que cumple la historia de amor con Chloe en la novela. Otra historia de pérdida, aunque no sea de las dimensiones de la pérdida de Anna, ¿qué puntos en común existen entre el Max de once años y el Max de sesenta?

El segundo papel de la memoria en la novela surge a partir de una reflexión de Max. Nos confiesa que todos los días se obliga a pensar en Anna porque siente que cada día que pasa sin ella es una pizca de su recuerdo que se va. En este momento, Max rehúsa dejarla ir y también busca en el alcohol una forma de «abrir» esas partes de su cerebro que están abrumadas por el dolor de la pérdida. El alcohol sirve como anestésico y catalizador. Sin embargo, también hay una pregunta por la memoria más allá de la existencia propia. Max dice que llevamos a nuestros muertos con nosotros hasta que también morimos, y en ese momento alguien más llevará nuestro recuerdo hasta que a su vez ese portador de recuerdo muera y le delegue su trabajo a alguien más. Esa persona ya no nos recordará a nosotros y esa será nuestra disolución final: convertirnos en el polvo de los muertos que convive con todas las criaturas vivas.

PISTAS PARA LA REFLEXIÓN

ALGUNAS PREGUNTAS PARA PROFUNDIZAR EN SU REFLEXIÓN...

- ¿Cuál es la relación entre amor y muerte en la novela?
- ¿Qué papel cumplen las mujeres en la novela?
- ¿Cuál es la importancia de los espacios en la novela? Justifique su respuesta.
- ¿Alguna vez se ha sentido identificado emocionalmente con la obra de algún artista? ¿Con cuál? Justifique su respuesta.
- ¿Cuál es el papel del primer amor del protagonista en la novela? ¿Usted cómo recuerda a su primer amor?
- ¿Cuál es el papel del pasado y del futuro en la novela?
- ¿Cómo le gustaría que lo recordaran en el futuro? ¿Comparte las reflexiones de Max sobre el papel de la memoria? Justifique su respuesta.
- Describa su recuerdo infantil más vívido. ¿Hasta que punto en la narración de Max y en la suya se mezclan elementos de ficción y de realidad? Justifique su respuesta.

¡Su opinión nos interesa!
¡Deje un comentario en la página web de su librería en línea,
y comparta sus favoritos en las redes sociales!

PARA IR MÁS ALLÁ

EDICIÓN DE REFERENCIA

- Banville, John. 2005. *El mar. Traducido por Damián Alou. Barcelona: Anagrama.*

ESTUDIOS DE REFERENCIA

- Frink, Stephanie. 2015. "'The Past Beats inside Me Like a Second Heart': The Narrative (Re) Construction of Emotions in John Banville's *The Sea*". *En Structures of Feeling: Affectivity and the Study of Culture.* 2015. Editado por Devika Sharma y Frederik Tygstrup. Alemania: De Gruyter.
- Pérez, Claudi. 2011. "El extraño caso de Benjamin Black". *El País.* 23 de octubre. Consultado el 15 de marzo de 2017. http://elpais.com/diario/2011/10/23/cultura/1319320803_850215.html

LECTURAS RECOMENDADAS

- Maddrell, Avril. 2012. "Mapping Grief and Memory in John Banville's *The Sea*". En *Geography and Memory: Explorations in Identity, Place and Becoming.* 2012. Editado por Owain Jones y Joanne Garde-Hansen. Reino Unido: Palgrave Macmillan UK.
- Smith, Eoghan. 2014. *John Banville: Art and Authenticity,* vol. 50. Berna: Peter Lang, colección Reimagining Ireland.

ADAPTACIONES

- *The Sea.* Dirigida por Stephen Brown, con Rufus Sewell, Natascha McElhone, Ciarán Hinds, Sinéad Cusack y Bonnie Wright. Reino Unido: Rooks Nest Entertainment Samson Films, 2013.

Made in the USA
Monee, IL
08 July 2026